ADMINISTRATION DES POMPES FUNÈBRES
DE LA VILLE D'AJACCIO

Bureaux . Rue Gendarmerie, 6 (rez-de-chaussée)

(Les Bureaux sont ouverts de 7 heures du matin à 7 heures du soir)

TARIFS

POUR LE SERVICE DES INHUMATIONS

ET DES

POMPES FUNÈBRES

AJACCIO

IMPRIMERIE B. ROBAGLIA

1886

DISPOSITIONS LÉGALES CONCERNANT LE SERVICE DES INHUMATIONS

Les décrets du 23 Prairial an XII et 18 mai 1806 réglementent, en France, le service des Pompes Funèbres.

L'article 22 du décret de Prairial est ainsi conçu : « Les Fabriques des Eglises et les consistoires jouiront seuls du droit de fournir les voitures, tentures-ornements et de *faire, généralement, toutes les fournitures quelconques, nécessaires*, pour les enterrements et la **Pompe des funérailles** : »

L'article 24 ajoute : « Il est expressément défendu à toute les autres personnes, quelles que soient leurs attributions, d'exercer le droit sus-mentionné, *sous telles peines qu'il appartiendra* : »

Enfin, d'après les articles 20 et 23 du même décret, les bénéfices provenant de l'exercice de ce droit, doivent être consacrés :

1er A la sépulture gratuite des décédés indigents. (Art. 20)

2me A l'entretien des cimetières et des églises. (Art. 23)

3me Au paiement des desservants.

L'art. 10 du décret-loi du 18 mai 1806 ajoute à ces charges, celles des travaux nécessaires aux inhumations.

Telle est la loi qui règle le service des Pompes Funèbres.

Cette loi, promulguée pendant la Révolution, a pour les églises un caractère de réparation sociale qui s'explique par les pertes que leur avaient faites éprouver les décrets de confiscation.

De plus, elle degrève les budgets municipaux des charges ci-dessus énoncées, qui pèsent sur le luxe facultatif des funérailles, mais qui, en l'absence d'un service des Pompes Funèbres organisé, retombent sur tous les contribuables.

Le monopole des Pompes funèbres est donc basé sur la réalisation de cette pensée, proclamée en 1793, sous la Commune de Paris, par le citoyen *Chaumette* « qu'en matière de sépulture le riche paie pour le pauvre » et dont le caractère, profondément libéral, a été reproduit par le Consul Bonaparte dans le décret postérieur du 23 Prairial an XII.

C'est sur l'opulence, en effet, que pèse l'impôt des funérailles, c'est-à-dire sur les personnes qui, désirant faire oublier le caractère d'égalité que la mort imprime à ceux qu'elle frappe, font du luxe jusqu'à la tombe. A Paris, sur 50,000 inhumations, on compte annuellement 30,000 convois indigents et 20,000 convois payants. Vingt mille familles paient donc pour 30,000 autres.

Au point de vue des convenances sociales, le monopole des Pompes funèbres a un caractère d'intérêt public tellement puissant, qu'il a été maintenu à trois reprises différentes par la Chambre et le Sénat à une très-forte majorité, malgré le courant d'hostilité qui souffle de nos jours contre les monopoles.

Il y a, en effet, des monopoles nécessaires, et qui sont des éléments de progrès, tels que . la Banque de France, les compagnies de navigation, les chemins de fer, etc.

Dans l'application, la loi ouvre aux fabriques et consistoires deux moyens pour exercer leur monopole, à savoir :

1er L'exploitation en Régie, par les fabriques réunies, comme à Paris, Rouen, Bordeaux, Marseille, etc, et même dans les plus petites villes.

2me La mise aux enchères du service, par voie d'adjudication.

Dans le 1er cas, les fabriques d'une même ville n'ont qu'à se réunir, à dresser, en commun, un règlement d'administration, et à en faire le dépôt à la Mairie, qui en prend acte, et ne peut s'y opposer, car le droit d'option des fabriques est incontestable, et fondé sur la loi. (Art. 7 du décret-loi de 1806 et 22 § 2 du décret de Prairial an XII.)

Les Fabriques de la ville d'Ajaccio, ayant rempli les formalités requises par la loi, la Régie des Pompes funèbres existe de droit et de fait, depuis le 5 avril 1886, sous la surveillance d'une commission administrative composée d'un fabricien de chaque paroisse et d'un curé.

Quant au tarif, il a été soumis à l'avis du conseil municipal depuis deux mois environ, et c'est à lui qu'il appartient de prendre au plus tôt une résolution ;car l'intérêt de la population exige que le tarif soit promptement examiné et soumis à l'approbation définitive de l'autorité préfectorale,qui prononce en dernier ressort, conformément au décret de 1852 sur la décentralisation administrative, dans les villes ayant moins de trois millions de revenus.

Un point très essentiel à noter, c'est que l'approbation des tarifs n'est pas indispensable pour le fonctionnement de la Régie. La jurisprudence constante de la Cour de Cassation et du Conseil d'Etat, jusqu'à ce jour, a établi, en principe, que le service des Pompes Funèbres étant un service public, son fonctionnement ne doit subir aucune interruption ; que par suite le dépôt du tarif à la mairie suffit aux Fabriques, pour exercer le monopole que la loi leur confère. S'il en était autrement, il ne dépendrait que du mauvais vouloir de certaines municipalités, pour tenir indéfiniment en suspens le service des Inhumations.

Un autre point essentiel à observer,c'est que les municipalités sont pécuniairement responsables des atteintes portées sur la voie publique, par les industriels,au monopole des Fabriques. A Paris toutes les infractions aux articles 22 et 23 du décret de Prairial an XII sont poursuivies, d'office, par la préfecture de police, sans préjudice de l'action civile qui est aux mains des Fabriques.

A Marseille, pendant les troubles de 1871. la ville désirant se soustraire à une demande de dommages- intérêts de la part des Fabriques,n'hésita pas,malgré la non-approbation des tarifs — à faire afficher un arrêté,interdisant aux particuliers de faire les founitures des Pompes funèbres, sous menaces de poursuites devant le tribunal de police, par application des articles 471, n° 15 et 474 du code pénal,punissant de 1 fr. à 3 fr. d'amende les premières infractions au décret de prairial, et de 1 à 3 jours de prison,en cas de récidive La ville poursuivit 4300 infractions et la loi fut respectée.

Les Municipalités ont donc le devoir de seconder les Fabriques dans le fonctionnement des Pompes funèbres. Leur intérêt bien compris leur en fait même une obligation rigoureuse, aux yeux de leurs administrés.

TARIFS

DU SERVICE DES POMPES FUNÈBRES

DE LA VILLE D'AJACCIO

1re Partie. — Service des Inhumations

1re SECTION

CONVOIS DES INDIGENTS

Les décédés indigents sont inhumés gratuitement et décemment, moyennant la production d'un certificat d'indigence, délivré par M. le Maire.

Les enterrements de cette catégorie comprennent les fournitures et dispositions suivantes :

> 1º Cercueil en bois blanc blanchi ;
> 2º Porteurs et ordonnateur en tenue de service ;
> 3º Brancard nu pour la levée du corps ;
> 4º Drap mortuaire ;
> 5º Fossé et inhumation ;
> 6º Corbillard à 1 cheval ;
> 7º Pendant l'absoute 4 cierges allumés ;
> 8º Accompagnement par 1 prêtre au cimetière.

2e SECTION

ENTERREMENTS PAYANTS

TITRE 1er. — ARTICLES OBLIGATOIRES

1ᴿᴱ CLASSE

DÉSIGNATION DES ARTICLES	ENFANTS jusqu'à 7 ans		ADULTES	
1° Service Extérieur *(Levée et cortège)*				
1o Corbillard à 2 chevaux caparaçonnés avec draperies en velours et housses garnies argent, livrées du cocher..	50	»	50	»
2o Porteurs et ordonnateur en grande tenue	6	»	12	»
3o Brancard........................	2	»	4	»
4o Drap mortuaire en velours........	3	»	12	»
5o Cercueil en châtaignier, garni en drap galonné argent, pour adultes et en satin galonné, pour enfants...	35	»	60	»
6o Fosse...........................	2	»	3	»
7o Crêpes et gants en peau..........	8	»	10	»
8o Voiture pour le prêtre qui accompagne le corps au cimetière.......	3	»	3	»
2° Service Intérieur (Maison et Eglise)				
1o A la maison				
1o Tentures en velours à la porte avec patères, embrasses garnies argent.	12	»	23	»
2o Tapis de table en velours garni argent et gardien en tenue........	5	»	5	»
3o 1 ou 4 torches en cire et chandeliers	5	»	20	»
4o 1 torche pour la levée du corps....	4	»	5	»
2o A l'Eglise				
1o Tenture en velours au portail avec patères, embrasses garnies argent.	12	»	23	»
2o Estrade garnie en velours avec galons et franges argent pour exposer le corps....................	5	»	10	»
3o 24 torches à 4 fr. ou 12 cierges à 2 fr. autour du corps.................	24	»	96	»
4o Sonnerie	5	»	12	»
5o Orgues.........................	6	»	6	»
6o Cire à l'autel et aux chapelles.....	12	»	59	»
3o Clergé				
1o Droit curial....................	1	50	4	»
2o Grand'messe chantée diacre, sousdiacre	7	»	7	»
3o Assistance du clergé et des employés de la paroisse à la messe......	3	»	9	»
4o Assistance de la paroisse au convoi	12		12	
5o Accompagnement du corps au cimetière par un prêtre.............	5	»	5	»
Total de la 1re classe........	227	50	450	»

2ME CLASSE

DÉSIGNATION DES OBJETS	ENFANTS jusqu'à 7 ans		ADULTES	
1º Service Extérieur *(Levée et cortège)*				
1º Corbillard à 2 chevaux caparaçonnés avec housses et tentures galonnées et franges en soie, livrées pour le cocher......................	30	»	30	»
2º Porteurs et ordonnateur en uniforme	6	»	8	»
3º Brancard........................	2	»	3	»
4º Cercueil en châtaignier garni en drap pour les adultes et en satin pour les enfants.................	24	»	50	»
5º Fosse........................	2	»	3	»
6º Crêpes et gants en peau...........	8	»	10	»
7º Voiture pour le prêtre qui accompagne le corps au cimetières......	3	»	3	»
8º Drap mortuaire,,,,,,,,,,,,,,	2	»	6	»
2º Service Intérieur *(Maison et Eglise)*				
1º A la maison				
1º Tentures pour la porte,,,,,,,,,,	6	»	12	»
2º Tapis de table et gardien.,,,,,,,,	4	»	5	»
3º 4 cierges et 4 chandeliers.........		»	8	»
4º 1 cierge à la levée du corps........	2	»	3	»
2º A l'Eglise				
1º Tenture au portail...............	6	»	12	»
2º Estrade pour le corps.............	4	»	6	»
3º 12 torches autour dn corps pour les adultes et 6 cierges pour les enfants	6	»	42	»
4º Cire à l'autel...................			12	»
5º Sonnerie	2	»	10	»
6º Orgue........................	6	»	6	»
3º Clergé				
1º Droit curial....................	1	50	4	»
2º Grand'messe, diacre, sous-diacre...	7	»	7	»
5º Assistance du clergé et des employés de la paroisse à la messe.......	3		9	»
4º Assistance de la paroisse au convoi	12	»	12	»
5º Accompagnement du corps au cimetière par un prêtre.............	4	50	5	»
Total de la 2º classe........	140	»	266	»

3ᴹᴱ CLASSE

DÉSIGNATION DES ARTICLES	ENFANTS jusqu'à 7 ans		ADULTES	
1º Service Extérieur *(Levée et cortège)*				
1º Corbillard à deux chevaux avec garnitures en drap galonné et frange housses et cocher en livrées.......	9	»	15	»
2º Porteurs et ordonnateur en tenue..	3	»	6	»
3º Brancard.......................	2	»	4	»
4º Cercueil en châtaignier...........	8	»	20	»
5º Drap mortuaire..................	2	»	6	»
6º Fosse..........................	2	»	3	»
7º Voiture pour le prêtre qui accompagne le corps au cimetière........	2	50	3	»
8º Crêpes et gants en coton........			5	»
2º Service Intérieur				
1º A ln maison				
1º Tentures à la porte..............	4	»	7	»
2º Tapis de table et gardien.........	3	»	5	»
3º 1 cierge à la levée du corps.......	1	»	2	»
2º A l'Eglise				
1º Tenture au portail..............	4	»	7	»
2º Estrade pour l'exposition du corps.	3	»	6	»
3º 6 cierges autour de l'estrade......	6	»	12	»
4º Sonnerie.......................	2	»	6	»
5º Cire à l'autel..................	3	»	3	»
3º Clergé				
1º Droit curial....................	1	50	4	»
2º Grand'messe, diacre, sous-diacre...	7	»	7	»
3º Assistance à la messe...........	2	»	2	»
4º Assistance de la paroisse au convoi	12	»	12	»
5º Conduite du corps au cimetière par un prêtre accompagnateur........	3	»	4	»
Total de la 3e classe.........	80	«	139	»

4ᴹᴱ CLASSE

DÉSIGNATION DES ARTICLES	ENFANTS jusqu'à 7 ans		ADULTES
1º Service Extérieur *(Levée et cortège)*			
1º Corbillard à 1 cheval drapé.......	3	»	6
2º Cercueil en châtaignier..........	9	»	18
3º Porteurs et ordonnateur en tenue et brancard.....................	3	»	5
4º Drap mortuaire................	1	»	3
5º Fosse	2	»	3
2º Service Intérieur			
1º Sonnerie.....................	2	»	3
2º Estrade et 4 cierges autour du corps	2	»	4
3º 1 cierge pour la levée du corps.....,	1	»	1
4º Cire à l'autel................	»	»	3
3º Clergé			
1º Droit curial	1	50	4
2º 4 prêtres porte-croix et suisse au convoi.	4	»	4
3º Grand'messe.	»	»	7
4º Assistance à la messe, , , , , , , , ,	»	»	2
5º Accompagnement du corps au cimetière par un prêtre., , , , , , , , , ,	2	»	2
	30	50	65

5ᴹᴱ CLASSE

DÉSIGNATION DES ARTICLES	ENFANTS jusqu'à 7 ans	ADULTES
1º Service Extérieur.		
1º Corbillard à 1 cheval , , , , , , , , , , :	2	4
2º Porteurs, ordonnateur en tenue et brancard , , , , , , , , , , , , , , . .	2	4
3º Drap mortuaire . . . , ...	1	3
4º Cercueil en bois blanc	5	8
5º Fosse.	2	3
2º Service Intérieur		
1º Cierge à la levée du corqs	1	1
2º Sonnᵉrie	2	3
3º Cierges pour l'absoute	1	2
3º Clergé		
1º Deux prêtres et porte-croix au convoi.	3	3
2º Accompagnement d'un corps au cimetière par un prêtre	1	1
	20	32

Les familles qui désireraient ajouter aux classes de convoi ci-dessus un supplémeut de fournitures, soit pour en compléter les dispositions, soit pour en rehausser la pompe, sont libres de puiser dans la nomenclature qui suit, suivant leurs convenances.

Les tableaux par classes n'ayant été dressés que dans le but de leur faciliter la composition d'un convoi, dans un moment où elles ne jouissent pas toujours de la tranquillité d'esprit désirable pour cela, leur travail se borne aujourd'hui à faire le choix d'une classe, et à la compléter, si besoin est, pour la mettre en conformité avec leur goût.

Dans tous les cas la dépense totale doit en être arrêtée et connue d'avance par les familles, afin d'éviter les surprises.

3ᵉ SECTION

TITRE II. — ARTICLES FACULTATIFS

1° *Service extérieur*

1° 2 chevaux en plus au corbillard de 1ʳᵉ classe......	100
Grand dôme pour le corbillard de 1ʳᵉ classe....	50
2° Voiture de deuil drapée............., ...	20
id. de suite ordinaire à 2 chevaux.........	4
id. id. 1 cheval.........	3
3. Panaches pour chevaux et corbillard (chaque) ...	5
4° Caparaçons id. id......	10
5° Garniture de brancard { 1ʳᵉ classe en argent...	20
{ 2ᵉ classe en soie....	14
{ 3ᵉ classe en coton...	8
6° Dôme pour brancard.............	25
7° Coussin velours...............	12
8° Valets de pieds (chaque)...	8
9° Crêpes, le coupon................	0.50
10° Gants { 1° en peau.................	2.75
{ 2° en coton...............	1
11° Poële d'honneur { 1ʳᵉ classe..............	20
{ 2ᵉ classe..............	10
12° Ecussons { 1ʳᵉ classe grand format............	10
{ 2ᵉ classe moyen format............	6
{ 3ᵉ classe ordinaire..............	4
13° Initiales { 1° argent..............	3
{ 2° ordinaires...............	1.50
14° Armoiries { Nobiliaires riches..............	15
{ ordinaires............	6
{ Pour société et corporation.........	8
15° Couverture de tambour.............	3
16° Voile pour clairon.............	1
17° Cheval de bataille.............	25
18° Drapeau (chaque)......	6
19° Trophée de drapeaux............	14
20° Cercueil en bois blanc............	16
id. en châtaignier couvercle plat........	25
id. à pans coupés en plus....	10

id. à couvercle bombé en plus.	6
id. en chêne pour dehors, plat 0.040 d'épaisseur	45
id. en zinc.	40
id. en plomb.	100

21º Accessoires des cercueils.

1º Poignées

1º en fer	ordinaires	1.25
	façonnées............	2.50
2º en cuivre	ordinaires	3.50
	façonnées..........	5
3º argentées	ordinaires,........	6
	riches............	10
	extra............	20

2º Plaques

1º en plomb..........................	8
2º argentées...........................	15
3º riches avec 50 lettres.............., ..	25

3º Frettes et équerres

frettes......................	8
équerres....................	5

4º Poudre de tan et charbon

1º pour ce cueil d'enfant	6
2º d'adulte...........	12

5º Garnitures.

1ª Extérieur

1º en velours riche	100
2º en satin	60
3º en drap	40
4º paneaux avec champs...........	80
5º ciré et verni.....................	75
6º crucifix croix sur couvercle........	35

2ª Intérieur

1º capitonnage satin riche...........	60
2º id. en laine..........	30

22º Couronnes. — Choix des types ci-après :

	Nº 1	Nº 2	Nº 3	Nº 4	Nº 5	Nº 6	Nº 7	Nº 8	Nº 9	Nº 10	Nº 11
LOCATION	0.50	1	2	3	4	6	8	10	14	18	20
VENTE	2	4	8	12	16	24	35	50	70	95	125

Location d'un brancard pour couronnes.............	4
Inscriptions en perles 0.05 par lettre,..............	
id. métal 0.03 la lettre....................	
Rubans avec inscriptions 1º ordinaires...........	4.50
2º Riches.................	8
23ª Désinfectants, le flacon ou paquet..................	0.50
Désinfection de maison.............................	20
Vacation de Police..............................,	7

24 Travaux d'inhumation.

1° Fosse commune { 1° Enfant............	2	
{ 2° adulte............	3	
2° Fosse particulière............	8	
3° Inhumation dans une chapelle de famille.... .	12	
4° Inhumation provisoire dans une tombe de dépôt en attendant l'achat d'une concession à la Mairie p.mois	5	
5° Vacation du commissaire de police............	7	
6° *Entretien des Tombes.*		
1° Fosses communes (par mois)............,,.....	1	
2° Concessions (id)............,....	2	
3° Chapelle dans le cimetière (id)............	3	
4° id hors du cimetière (de gré à gré)...		
7° *Croix.*		
1° croix en bois ordinaire............	5	
2° id id découpé............	8	
25 Assistance d'un corps de musique............	60	
26 Transports au dehors ou à l'Etranger.		
1° corbillard par kilomètre (aller et retour) ...	1.80	
2° porteurs (frais de voyage en sus (par jour..	4	
3. ordonnateur id	6	
4 accompagnement d'un corps à l'étranger (de gré à gré)		
5° Vacation du commissaire de police.	15	
6° Fourniture d'un corbillard drapé pour conduire un corps partant par paquebot, ou pour aller prendre un corps arrivé par le paquebot	30	

2° *Service intérieur*

1° Tentures extra pour portes.	50	
2° id. pour façades de maison et église (le mètre courant). . . . . ., ...	40	
3. Ecussons et armoiries (voir ci-dessus).		
4° Lettres et billets de décès :		
1° Lettres de décès riches à grands bords, le cent...	16	
2° id ordinaires............	12	
3. Billets de décès............	6	
4° Cotage ou mise des adresses,,,,,,,,,,,,,,,,,,,,,,, ,,,,,	2	
5° Distribution............,,,,,,,,,,,,,,,,,,,,,,,,,,,,,	3	
6° Bandes de deuil { 1° Riches,,,,,,,,,,,,,,,,,,,,,,,,,	3	
{ 2° Ordinaires,,,,,,,,,,,,,,,,,,,,,,,,	1.75	
7° Enveloppes pour lettres grands bords,,,,,,,,........	4.50	
8° Cahiers de deuil,,,,,,,,,,,,,,, , , , , , ,,,,	1	
9° Avis de service ,,,,,	6	
10° Souvenez-vous { avec gravure , , , , , , , , , ,,,,,	25	
{ avec photographie, , , , , ,,,,,,	35	
11° Cartes de sortie de deuil, , , , , , , , , , , , ,,,,,,	7	
5° Chambre ardente	250	
6° Chapelle ardente , , , , , , , , , , , , , , , , , ,	300	
7° Lit de parade dans la chambre,,,,,,,,,,,,,,,,,,,,,,,,,,	60	

8° Tapis de table riche en velours et garni en argent . 10
9° Draperie pour fond du cœur,,,,,,,,,,,,,,,,,,,,,,,,,,,, 60
10° Catafalque de 1re classe extra,,,,,,,,,,,,,,,,,,,,,,,,, 125
11°   id   plus simple,,,,,,,,,,,,,,,,,,,,,,,,,,,,,, 68
12° Baldaquin garni pour catafalque,,,,,,,,,,,,,,,,,,,,,,, 70
13° Lustres { 1° à 14 bougies,,,,,,,,,,,,,,,,,,,,,,,,,,,,,,,, 8
         { 2° à 24   id,,,,,,,,,,,,,,,,,,,,,,,,,,,,,,,, 12
14° Lampes ardentes à l'autel,,,,,,,,,,,,,,,,,,,,,,,,,,,, 8
        id   au catafalque,,,,,,,,,,,,,,,,,,,,,, 12
        id   sur colonnes dans la nef,,,,,,,,, 12
        id   suspendues à 3 becs,,,,,,,,,,,, 8
15° Cire fine le kilog,,,,,,,,,,,,,,,,,,,,,,,,,,,,,,,,,,,,, 7.50
16° Stearine et bougies le kilog.,,,,,,,,,,,,,,,,,,,,,,,,, 3
17° Souches et candelabres.
     1° sur colonne dans la nef,,,,,,,,,,,,,,,,,,,,, 12
   { 2° candelabre à 12 bougies,,,,,,,,,,,,,,,,,,,,, 8
   { 3° Chandelier argenté,,,,,,,,,,,,,,,,,,,,,,,,, 1
18. Ornements pour autel,,,,,,,,,,,,,,,,,,,,,,,,,,,,,,, 10
19°   id.   sacerdotaux,,,,,,,,,,,,,,,,,,,,, 20
20° Housses pour garnir les chaises de Prie-Dieu (pièce) 3.50
21° Chaises pour grand'messe,,,,,,,,,,,,,,,,,,,,,,,,,,, 3.50
22° Orgue solennel,,,,,,,,,,,,,,,,,,,,,,,,,,,,,,,,,,,,,, 20

2e Partie. — Exhumations

Exhumation des fosses communes, faites d'office, pour le renouvellement quinquennal 15
Exhumations faites sur la demande des familles. . . . 42
Vacation du commissaire de police. 10

3e Partie. — Services commémoratifs

1re classe 134
2e classe 77
3° classe 32

CONSIDÉRATIONS GÉNÉRALES

SUR LE SERVICE DES POMPES FUNÈBRES EN RÉGIE

1° Avantages de la Régie

Le nouveau service des Pompes Funèbres se recommande, de lui-même, à l'attention du public, par les avantages suivants :

1er *Par la simplification* qu'il apporte, dans le travail, aujourd'hui si compliqué et si laborieux, de la commande d'un enterrement. Tous les détails du service étant centralisés, sur le même point et dans la même main, une seule visite aux Bureaux des Pompes Funèbres suffira, désormais, pour tout arrêter, en quelques minutes. Pour les familles en deuil, c'est un véritable soulagement;

2me *Par l'économie* très sensible qui en résulte, pour les parents et qui porte à la fois, et sur le *détail des articles* et sur *l'ensemble du convoi.*

L'économie *sur les articles* est des deux tiers, pour les cercueils en zinc et les porteurs, de moitié, sur les cercueils décorés, et varie, entre le tiers et le quart, sur plusieurs autres. La preuve en est aussi facile que manifeste ; car elle est basée sur plus de 140 factures qui rendent la comparaison concluante ; voici d'ailleurs un aperçu de quelques prix, choisis parmi un plus grand nombre d'autres.

Au convoi Pompéani, la dépense des porteurs avec les accessoires, s'est élevée à la somme de 68 francs. La Régie, avec 12 francs, fournit un personnel spécial de porteurs, embrigadés et en tenue de service.

Au convoi Lévie, le cercueil en zinc a été payé 120 fr. La Régie fournit le pareil à 40 fr. C'est le prix du Tarif de Marseille.

Dans la plupart des convois le cercueil décoré arrive à la somme de 100 et 150 fr. Le même cercueil est tarifé 50 fr. et 60 fr. à la Régie.

Les personnes qui douteraient de ces chiffres n'ont qu'à se présenter aux bureaux de la Régie, qui leur en fournira les preuves palpables.

L'économie *sur l'ensemble* est plus manifeste encore, car il est à peu près impossible, aujourd'hui, à une famille de savoir d'avance la somme exacte qu'elle va dépenser. Au milieu de la multiplicité des ordres qu'elle donne, dans toutes les directions, elle marche vers l'inconnu, et ce n'est qu'après l'enterrement qu'elle apprend le chiffre réel de la dépense, alors qu'il est trop tard pour en réduire le montant, souvent au dessus de ses prévisions (1) ou de ses moyens. Il est certain, d'autre part, que bien de dépenses oiseuses ou inutiles, qui se glissent inaperçues au milieu du trouble d'un décès, ne se produiront pas, avec une administration sérieusement organisée.

3ᵐᵉ *Par les garanties de décence d'ordre et de convenance* que présente une administration responsable.

Actuellement, le service des Inhumations manque totalement d'unité d'action. La Direction faisant défaut, il n'y a ni contrôle ni responsabilité. En cas de plaintes ou de réclamations, on ne sait, à qui s'adresser, et l'impunité est acquise d'avance aux abus qui pourraient se produire. La création d'une Régie, placée sous le contrôle d'un conseil de surveillance, est donc une sauvegarde, pour les familles, et une garantie, à la fois matérielle et morale contre des abus possibles.

4ᵐᵉ *Par la supériorité du matériel du service.* Actuellement, le matériel est presque nul. Ce qui étonne, néanmoins, c'est que les convois arrivent parfois à des prix très élevés. Avec la Régie des Pompes Funèbres, la dépense sera moins forte et le service sera fait avec un matériel convenable, entièrement neuf et approprié à tous les besoins du service. Les fournitures seront donc meilleur marché, plus nombreuses et plus belles. Que peut-on désirer de plus ?

5ᵐᵉ Par la considération toute naturelle de mettre la ville d'Ajaccio, qui est à la fois chef lieu de Département et station hivernale assez recherchée, à la hauteur des progrès accomplis, sur ce point, par les plus modestes villes du continent. Il est certain, d'ailleurs, que sous le double rapport matériel et moral, la munieipalité y a intérêt, car, outre que la création d'une Régie dégrève le budget communal d'une dépense annuelle de 6 à 8,000 fr. environ, elle comble, en outre, une lacune, et dote la ville d'une institution que les habitants et la colonie étrangère ont, souvent, appelée de leurs vœux.

2° Réponse à quelques objections

On s'étonne, cependant, qu'avec des raisons morales, aussi fortes, aussi concluantes et aussi démonstratives, il puisse y avoir quelque hésitation à adopter un système de Pompes funèbres qui sauvegarde l'intérêt général de la population.

---

(1) Il y a 4 mois, une famille demanda un convoi *convenable*. L'interprétation de ce mot convenable s'est traduite par une fourniture de cierges s'élevant à la somme de 669 fr. Cette famille a payé mais en jurant qu'on ne l'y prendrait plus.

On ne saurait même comment expliquer le courant d'hostilité qui s'est élevé, tout à coup, contre la Régie si l'on ne tenait compte des raisons, spéciales, qui l'ont provoqué.

Il est très important,en effet,de distinguer,dans ce mouvement d'opposition entre la *cause réelle* qui l'a fait naître et les prétextes dont on s'est servi pour le faire éclater.

La *cause véritable* est tout simplement une raison d'intérêt personnel, une déception de quelques fournisseurs qui demandèrent à la Régie le monopole de certains objets, au détriment de leurs confrères. L'un d'eux, pour arriver plus aisément à ses fins, n'a pas craint d'ajouter « *qu'il ferait à la Régie naissante tout le mal possible, si celle-ci ne lui donnait pas la fourniture exclusive qu'il sollicitait depuis longtemps.* » Si la Régie avait cédé à ces sollicitations il est certain que le mouvement d'hostilité ne se serait pas produit.

La Régie refusa ; de là leur mécontentement.

Mais, pour, leur justification, c'est-à-dire pour expliquer leur volte-face contre la Régie, qu'ils avaient caressée et choyée jusque là, il fallait *un prétexte.* C'est alors qu'ils ont cherché à soulever l'opinion à l'aide d'insinuations exagérées ou mensongères.On a parlé de visites domiciliaires,pour sonder la solvabilité des familles, de saisie mobilière et vente publique au marché, de paiement d'avance, d'exagération de dépense, on a fait entrevoir aux confréries que leurs tarifs seraient rejetés, que les droits acquis des confrères seraient méconnus, on a fait entendre que l'industrie des ciriers était perdue etc. etc....

Tout cela est faux, erronné et mensonger

La Régie déclare hautement qu'elle n'a jamais entendu méconnaître les usages des confréries et sociétés de secours mutuels. Elle a, au contraire, pris l'engagement à l'Evêché de les respecter, en les appropriant au nouveau système de Pompes funèbres. Une classe de convois même été créée spécialement pour elles, et c'est pour établir cette concordance, qu'elle a écrit à chaque confrérie de lui faire tenir une copie de son tarif.

Quant au paiement des convois d'avance, on en fait une arme de guerre bien inutile, car il suffit de lire le règlement de service annexé au présent tarif (Art. 6) pour avoir la preuve du contraire.

Relativement au transport des corps par les porteurs de la Régie, il est bon d'ajouter que la présence de ces employés au convoi n'enlève pas, aux amis des décédés, la satisfaction de porter eux mêmes le cercueil au cortège.

Enfin, relativement à l'industrie des ciriers, il importe de dire que ce n'est pas du côté de la Régie qu'est le danger, mais du côté du continent dont les produits, à bon marché, (toujours en cire pure) commencent à envahir la Corse. Les maisons Picolet frères, David, Broin et Cᶦᵉ, Livon père et fils y ont déjà envoyé leurs prospectus et leurs cierges. Si les ciriers d'Ajaccio ne se hâtent de réformer leur fabrication et de réduire leurs prix, leur industrie sur place est en péril. La Régie leur a cependant promis la préférence, même avec un prix plus fort que sur le continent. Que pouvait-elle faire de plus ?

On a parlé des bénéfices fabuleux que ferait la Régie. Ces bénéfices, d'après le tarif, sont au contraire très réduits et ils suffisent, à peine, à payer les charges écrasantes que la loi lui impose.

Enfin en ce qui concerne les menuisiers, leur industrie peut subir quelque atteinte ; mais on ne doit pas en exagérer la portée, car les menuisiers ne font pas que des cercueils.

Il est bon d'ajouter que s'il y a une diminution de travail, pour quelques uns, ce travail profite toujours aux ouvriers d'Ajaccio. D'un autre côté, on ne doit pas perdre de vue que la Régie occupe un nombreux personnel d'ouvriers, ouvrières et de pères de famille qui, eux aussi, ont besoin de vivre. On peut donc dire qu'il y a une équitable compensation et qu'il s'agit moins d'une diminution que d'un déplacement de travail profitant toujours au Pays. La Régie se prêtait d'ailleurs à des combinaisons vis à vis tous les interessés ; mais on ne lui a pas même donné le temps de les faire connaître, ce qui a été très regrettable pour tous.

On a critiqué, dans le nouveau service la création des classes faites d'avance, et l'introduction d'articles obligatoires Les familles ne doivent pas perdre de vue que cette innovation est toute à leur avantage, car elle sauvegarde leurs intérêts, dans un moment où il leur serait difficile de le faire elles mêmes. Elles sont libres d'ailleurs d'en modifier les dispositions en y introduisant des articles facultatifs. C'est dans ce but que la loi en prescrit l'usage.

Ces considérations suffiront sans doute pour éclairer l'opinion, sur le caractère général du nouveau système de Pompes funèbres. La Régie est d'ailleurs à la disposition des familles, pour les renseigner, en cas de besoin, sur les points qui pourraient leur araître douteux.

RÈGLEMENT DE SERVICE

Art. 1er. — Les bureaux de la Régie, sont ouverts jours et dimanches, de 7 heures du matin à 7 h. du soir et même la nuit, en cas de réquisition de l'autorité municipale.

Art. 2. — Aucune inhumation n'aura lieu avant le délai légal des 24 heures, sauf ordre contraire et écrit de l'autorité municipale.

Art. 3. — Quand un décès survient, les familles en avisent la Régie, qui envoie, chez elles, un employé, avec les tarifs pour recevoir les dispositions de l'enterrement. La Régie est tenue de pourvoir, sous sa responsabilité, à tous les détails du service, et à l'accomplissement de toutes les formalités, à l'Eglise, au Cimetière, à la Mairie etc...

Art. 4. — Les familles sont entièrement libres, dans le choix des classes, et il est défendu aux employés d'exercer, sur elles, la moindre pression sous peine d'amende.

Art. 5. — La dépense totale d'un enterrement doit toujours être connue d'avance, et fixée par écrit.

Art. 6. — Le règlement des enterrements n'a lieu qu'après le convoi, suivant les convenances des familles, sauf le cas de mauvais vouloir évident.

Art. 7. — Toutes les perceptions doivent être justifiées par le tarif.

Art. 8. — L'heure des enterrements devra toujours être concertée avec la Régie.

Art. 9. — Tous les enterrements seront dirigés par un ordonnateur, qui en surveille les détails, reçoit les réclamations des familles et en fait son rapport à la Régie.

Art. 10. — Un registre sera constamment à la disposition des familles, au siège de la Régie, pour recevoir leurs plaintes.

Ce registre sera communiqué, chaque fois, au Conseil de surveillance attaché à la Régie et composé d'un membre de chaque conseil de fabrique et d'un curé.

Art. 11. — Dans leurs relations avec les familles les employés seront tenus d'user de tous les égards et de toute la politesse que l'on doit au deuil des parents. Leur tenue devra toujours être décente, propre et convenable. Il leur est rigoureusement défendu de solliciter des gratifications, sous peine de révocation.

Art. 12. — Le matériel devra toujours être dans un état d'entretien irréprochable et suffisant pour subvenir à tous les besoins du service ; une réserve de prévision de 50 cercueils devra exister en magasin.

Art. 13. — Les tarifs et le règlement de service s'appliquent à tous les décès, dans les établissements publics ou particuliers, ainsi qu'aux décédés faisant partie d'une corporation, société ou confrérie, sauf les réductions fixées par le décret de 1852 art. 10, en faveur des sociétés, et en se conformant aux usages locaux.

Art. 14. — Les travaux nécessaires à l'inhumation et l'entretien des cimetières sont à la charge de la Régie, conformément aux prescriptions de la loi (décrets du 23 prairial an XII et 30 décembre 1809). Les fosses doivent avoir 1,50 de profondeur et distantes les unes des autres de 4 centimètres de la tête aux pieds et de 5 centimètres sur les cotés. Les fosses ne seront renouvelées que tous les 5 ans, après une lettre d'avis adressée à tous les interressés.

Art. 15. — Les chevaux du corbillard devront toujours aller au pas. Ils seront ou blancs ou gris pommelés ou bai-noirs.

Art. 16. — En cas de décès survenus à la suite de maladie ayant un caractère contagieux, (variole, fièvre typhoïde, choléra) la Régie sera tenue, sur la requisition de l'autorité municipale, de procéder à la désinfection des habitations ou navires et à l'incinération des hardes, sous la surveillance de la police.

Art. 17. — En cas d'enterrement civil, la Régie sera tenue de faire les fournitures qui lui seront demandées, et de se conformer aux volontés des parents. Pour l'enterrement des personnes appartennant à un culte dissident, le matériel de la Régie sera également à la disposition des familles qui en feront la demande.

Ajaccio, Imp. B. Robaglia.